AF227411

LETTRE CIRCULAIRE

SUR LA MORT DE LA TRÈS-HONORÉE ET RESPECTABLE MÈRE

GABRIELLE DE LA MASSUE.

LETTRE CIRCULAIRE

SUR LA MORT

DE LA TRÈS-HONORÉE ET TRÈS-RESPECTABLE MÈRE

GABRIELLE LOUISE ANGÉLIQUE CONSTANCE

DE LA MASSUE,

SUPÉRIEURE GÉNÉRALE DE LA SOCIÉTÉ DES HOSPITALIÈRES

DE SAINT THOMAS DE VILLENEUVE,

DÉCÉDÉE A PARIS LE 28 JUIN 1843,

dans la 73e année de son âge.

PARIS

IMPRIMERIE DE H. VRAYET DE SURCY ET CIE

RUE DE SÈVRES, 37.

1844

Un an s'est écoulé depuis le jour où nous avons perdu notre digne et respectable Mère de la Massüe. Vous attendiez de moi que je m'empresserais d'honorer sa mémoire et d'intéresser votre piété, en vous adressant quelques détails sur sa vie et sur sa mort; mais ce dernier événement est venu me surprendre lorsque j'étais occupée à faire la visite des Maisons de notre Congrégation, et les affaires multipliées qui m'attendaient à mon retour ont tellement réclamé mes soins et consumé tous mes moments que c'est aujourd'hui seulement qu'il m'est donné de rompre un trop long silence.

La révérende Mère Gabrielle-Louise-Angélique-Constance de la Massüe, née Hennery, était issue d'une famille noble de la Bretagne.

en être sortie comme élève, et où elle commença avec l'ardeur qui lui était naturelle les exercices qui servent de préparation à notre saint état. Bientôt après, elle alla les continuer à Paris, où elle prit l'habit, et où elle fut, par la piété de sa conduite, un sujet constant d'édification pour ses sœurs.

Deux mois s'étaient à peine écoulés, qu'elle apprit la mort de sa digne mère, et cette perte fut pour elle une occasion de montrer la générosité de son courage. Mais Dieu lui destinait des épreuves d'un autre genre et qui devaient amener un grand changement dans son existence. Au moment où elle se disposait à sa profession religieuse, la révolution éclata dans toute sa violence. L'impiété triomphante décréta l'abolition des vœux monastiques, et, dans toutes les communautés, on fut obligé de fermer les noviciats. La révérende Mère Walsh de Valois, alors Supérieure générale de notre Congrégation, engagea ses Novices à se soumettre aux décrets de la Providence et à se retirer dans leurs familles, en attendant des jours meilleurs.

C'était en 1792; mademoiselle Hennery, obligée de céder à l'orage, retourna donc en Bretagne, où elle avait encore des parents et des amis. Mais, quoique orpheline et peu favorisée du côté de la fortune, elle était résolue à se suffire à elle-même. L'excellente éducation qu'elle avait reçue lui donnait en effet l'espérance de pouvoir s'occuper d'une manière utile et honorable, et la Providence lui en ménagea bientôt l'occasion. Un gentilhomme de la province, l'honorable M. Hubert de la Massüe, désirait confier l'éducation de sa petite-fille à une institutrice chrétienne, et donner à cette enfant infirme et orpheline une seconde mère. Il proposa à mademoiselle Hennery d'entrer en cette qualité dans sa maison, et, d'après les conseils de la Mère Duval, supérieure de l'établissement de l'*Enfant Jésus*, cette proposition fut acceptée.

La pieuse institutrice se rendit donc au château de la Silandais, séjour de M. de la Massüe. Là, elle se dévoua tout entière à la culture morale et aux soins maternels de sa jeune et intéressante élève, et elle remplit cette importante mais difficile fonction avec une intelligence et une sagesse qui lui acquirent dès lors l'estime et la reconnaissance de son hôte vénérable. Au milieu de ses occupations, elle trouvait encore des moments de loisir pour aller visiter et soigner les pauvres malades des environs ; et cette œuvre de charité, qui lui rappelait sa première vocation, était sa plus douce jouissance.

De nouvelles vicissitudes attendaient mademoiselle Hennery. Le règne de la terreur pesait alors sur la France et surtout sur les provinces de l'Ouest, où Carrier exerçait ses fureurs.

Le château de la Silandais ne pouvait échapper plus longtemps à l'attention des satellites du tyran. M. de la Massüe, qui avait su se faire oublier dans la retraite profonde où il vivait, en fut arraché pour être jeté en prison, et mademoiselle Hennery fut enveloppée dans la même proscription. Heureusement sa détention ne fut pas de longue durée ; elle dut son salut à la Mère Duval, qui eut le courage d'aller trouver le féroce proconsul, et qui plaida si bien sa cause que la prisonnière obtint sa mise en liberté.

Mademoiselle Hennery retourna donc auprès de son élève ; mais tant de commotions avaient ébranlé la frêle existence de cette infortunée jeune personne, et elle eut la douleur de la perdre peu de temps après. Elle se retira alors auprès de la Mère Duval, et profita de la liberté dont elle jouissait pour rendre de nombreux services aux prêtres persécutés, et pour sauver, au péril même de sa vie, plusieurs personnes menacées de l'échafaud.

M. de la Massüe s'attendait chaque jour à y monter, et il n'aurait pu s'y soustraire sans la chute de Robespierre, qui amena sa délivrance et son élargissement. Mais, pendant sa captivité, la mort avait moissonné la plus grande partie de sa famille : seul et avancé en âge, il avait besoin d'un soutien et d'une société. Ses amis l'engagèrent à penser au mariage. Il n'y avait qu'une personne sur la terre qui pût le déterminer à fixer son choix, c'était celle qui avait acquis des droits éternels à sa reconnaissance et à son affection, en tenant lieu de mère à sa petite-fille, et en se dévouant si généreusement à la défense de ses intérêts. Il s'adressa donc aux conseillers de mademoiselle Hennery ; et ceux-ci, jaloux d'assurer son avenir par une union aussi honorable qu'avantageuse, ne croyant plus d'ailleurs au rétablissement des maisons religieuses, la décidèrent à accepter, malgré la disproportion d'âge.

Ce nouveau genre de vie ne changea rien aux sentiments pieux et charitables de madame de la Massüe. Elle fut constamment, dans le mariage, l'édification du monde par la sagesse de sa conduite, et quoiqu'elle eût pour son mari un dévoûment et des attentions peu communes, ce fut toujours sans préjudice de la fidélité qu'elle devait à Dieu.

M. de la Massüe lui-même était un homme éminemment religieux, et par dessus tout l'ami des pauvres ; il laissa donc à son épouse la liberté de s'adonner à ses pratiques de piété et de suivre son attrait pour le soulagement des malheureux ; seulement il avait soin de modérer l'ardeur de son zèle lorsqu'il était de nature à compromettre une santé délicate. Mais, semblable à la femme forte dont parlent les livres saints, son courage la soutenait au milieu des exercices les plus généreux de la charité chrétienne : c'est ainsi qu'elle parvint , à l'insu de ses domestiques et malgré l'improbation de plusieurs personnes, à établir dans son propre appartement un pansement pour les malades affligés de la teigne, imitant en cela l'exemple de sainte Paule, qui, au rapport de saint Jérôme , réunissait les lépreux de la ville de Rome pour les soigner de ses propres mains, et qui croyait avoir fait une grande perte quand une émule de sa charité l'avait prévenue dans le soulagement de ces infortunés. Ah ! c'est que l'esprit de Dieu fait préférer les victoires remportées sur la délicatesse naturelle aux plus riches couronnes de la terre ; c'est que les âmes vraiment charitables sont imbues de ces maximes des Saints : Que *l'hospitalité est la sœur des Anges* (1) ; que la *miséricorde est équivalente au martyre* (2) , et que *celui qui secourt son frère malade, tient déjà Jésus-Christ par la main* (3).

Après plusieurs années de mariage , M. de la Massüe fut éprouvé par de nombreuses infirmités ; c'est alors qu'il connut tout le prix de l'épouse que la Providence lui avait fait rencontrer. Cette femme, vrai modèle de charité, lui prodigua les soins les plus touchants, surmontant

(1) S. Aug.
(2) S. Chrysost.
(3) Thom. à Kemp.

toutes les fatigues et se surpassant elle-même pour adoucir ses douleurs. Aussi eut-elle la consolation de lui prolonger l'existence au-delà de toute espérance, et après une union de douze ans, sanctifiée par les plus belles vertus, elle reçut la plus douce récompense de son dévoûment conjugal, celle de voir son mari couronner sa vie honorable par une mort toute chrétienne.

Devenue veuve en 1811, madame de la Massüe quitta le château de la Silandais pour se retirer à Rennes, et s'y livrer, dans la retraite, selon l'enseignement de saint Paul, aux pratiques de la piété et des bonnes œuvres. Aux anciens pauvres qu'elle secourait à la campagne et qui vinrent la trouver à la ville, s'en joignirent de nouveaux, et il se forma autour d'elle une clientèle de malheureux qui l'obligea à dilater plus que jamais les entrailles de sa charité. Aucune douleur, aucune infortune, ne faisait en vain appel à sa commisération. Les infirmités les plus repoussantes, les plaies les plus hideuses, la grossièreté et souvent même l'ingratitude des malades, rien n'était capable de lasser son courage. Elle employait en aumônes ce qu'elle retranchait des parures mondaines et des plaisirs du siècle, pour lesquels elle professa toujours le plus grand mépris. Sa plus douce jouissance était de découvrir les malheureux que la confusion tenait cachés; elle les assistait dans leur détresse, et pourvoyait à leurs besoins, par des moyens que savait seule imaginer son ingénieuse charité.

Mais la pensée de sa première vocation s'était réveillée dans son âme, et le désir de retourner sous la bannière de la Croix la poursuivait sans cesse. Elle sentait que ses bonnes œuvres, fruit de la volonté propre, participaient trop souvent à l'imperfection de ce principe naturel, et qu'il leur manquait, pour être élevées au degré de pureté qu'elle ambitionnait, le mérite et le prix de l'obéissance. Elle confia donc à son guide spirituel le projet qu'elle nourrissait, de rentrer sous le joug heureux de son ancienne règle.

Mais le moment ne paraissait pas favorable à l'exécution d'un tel projet. L'Église gémissait alors sous la main de fer de son oppresseur, et l'avenir était plein d'orages. Son confesseur l'engagea donc à différer une démarche qui semblait prématurée, et à attendre des jours plus calmes et un gouvernement plus stable. Néanmoins il lui conseilla de pratiquer notre sainte règle autant que sa position pouvait le lui permettre, et de poursuivre le cours de ses bonnes œuvres. En effet, elle continua à se faire toute à tous, avec une admirable charité. Elle se rendait accessible à tous ceux qui avaient recours à son obligeance, et plusieurs ont assuré avoir reçu d'elle d'éminents services. Elle possédait surtout le secret de gagner le cœur des jeunes personnes par son aménité de caractère, et elle parvenait par des moyens ingénieux, tels que la promenade, des jeux innocents, et d'autres amusements honnêtes, à leur ôter le goût de la dissipation et le désir des plaisirs du monde.

Il y avait plus de deux ans que madame de la Massüe soupirait après l'heureux moment de rompre ses liens, lorsque la restauration politique qui s'opéra en 1814 détermina son confesseur à la laisser suivre son attrait. Tendrement aimée de sa famille, et surtout d'une sœur à laquelle elle était étroitement unie, elle voulu é leur épargner la connaissance d'une démarche qui les eût vivement affligés. Elle partit donc à leur insu pour notre noviciat de Paris, mais elle y fut bientôt suivie par les regrets des pauvres et de tous ceux dont elle s'était fait chérir.

Les diverses épreuves par lesquelles madame de la Massüe avait passé dans le monde, son expérience, sa maturité, donnaient à sa vocation une rare solidité, et semblaient lui rendre moins nécessaires qu'à d'autres les exercices qui servent de préparation à notre saint état ; cependant elle les embrassa avec une fermeté et un courage qui pouvaient servir de modèle à ses sœurs, et la générosité de ses sacrifices contribua plus d'une fois à affermir des vocations chancelantes. Enfin le jour heureux de sa consécration au Seigneur arriva, et elle prononça ses vœux entre les mains de Mgr Leblanc de

Beaulieu, évêque de Soissons, le 13 novembre
1815.

La Mère de la Massüe n'était entrée dans
notre société que pour y vivre oubliée, et afin
d'y trouver plus sûrement un aliment à son in-
clination pour le soulagement des malheureux.
Elle fut, dès le début, servie à son gré, car on
l'employa aussitôt au pansement établi dans
notre maison de Saint-Thomas, et spécialement
à celui des plaies de la teigne, fonction qu'elle
exerça avec une charité et une expérience peu
communes.

Elle portait si loin l'oubli d'elle-même que,
quoique malade et en traitement, elle ranimait
ses forces pour se trouver à son emploi, avec une
exactitude qu'elle n'aurait pas tolérée dans ses
jeunes sœurs. Elle ne s'occupait pas seulement
des plaies corporelles des malheureux qui avaient
recours à ses soins, elle aspirait surtout à guérir
leurs infirmités spirituelles; c'est pourquoi elle
saisissait avec adresse toutes les occasions d'être
utile à leurs âmes, par des avis ménagés à pro-
pos; et, pour mieux assurer le succès de ses ef-
forts en ce genre, elle s'appliquait à gagner le
cœur de ces pauvres infirmes, par des services
rendus à leur famille, et par des bienfaits secrets
dont plusieurs ont conservé la mémoire avec reconnaissance. Hors les heures du pansement
elle se livrait au travail avec une assiduité qui
prouvait combien elle connaissait le prix du

temps; et sans montrer ni empressement ni agitation, elle savait se ménager du loisir pour une infinité de choses.

Telles furent, pendant environ treize ans, les œuvres auxquelles se livra notre digne Mère. Celles de ses sœurs qui furent les compagnes de ses travaux n'ont pas perdu le souvenir des vertus qu'elles lui virent pratiquer, ni des sages conseils qu'elles en reçurent. Mais elle ne songeait nullement à la reconnaissance de celles à qui elle prodiguait des marques d'intérêt et de bienveillance. L'une d'elles, lui ayant écrit plusieurs fois pour lui témoigner sa gratitude, sans en recevoir de réponse, la rencontra quelque temps après, et lui ayant exprimé de vive voix sa consolation de la revoir, lui demanda la cause de son silence. « Ma chère amie, lui répondit-elle, je n'écris que pour les choses nécessaires; j'ai tâché de vous être utile lorsque vous étiez près de moi, maintenant ma mission est finie, Dieu sans doute ne vous manquera pas.

Il semblait que la Mère de la Massüe ne dût jamais quitter un emploi qui avait été le vœu et l'occupation la plus chère de toute sa vie; mais Dieu, qui veut nous détacher des œuvres les plus pures et des moyens mêmes de procurer sa gloire, lui envoya des maladies successives qui l'obligèrent à renoncer à des travaux qui n'étaient plus proportionnés à ses forces.

Mais ce n'était pas pour chercher un repos contraire à ses inclinations : elle ne pouvait se résigner à rester inutile. Aussi, quand ses forces le lui permettaient, elle revenait avec bonheur à ses malades chéris, et jusqu'au dernier moment elle assista ses Sœurs de ses conseils et de son expérience. Nos Mères d'ailleurs, qui savaient apprécier son mérite et sa capacité, se déchargèrent sur elle du soin de beaucoup d'affaires particulières, et lui confièrent même des missions de la plus haute importance dans divers établissements de notre société. Malgré l'incommodité que lui faisait éprouver le mouvement des voitures, elle était toujours disposée à tout quitter pour se rendre où l'appelaient l'intérêt de notre Congrégation et la plus grande gloire de Dieu. Quelquefois elle était envoyée comme auxiliaire à celles de nos Mères qu'un surcroît de travail ou des difficultés locales pouvaient embarrasser, et sa prudence jointe à sa maturité lui fit obtenir plusieurs fois la solution d'affaires très-délicates.

De retour dans sa chère retraite, elle se hâtait de rentrer dans les fonctions les plus obscures pour y trouver cet oubli des créatures qui fut l'ambition de toute sa vie, et pour y pratiquer ces humbles vertus, si chères aux âmes intérieures, et ce mépris d'elle-même, qu'on lui a quelquefois reproché de porter trop loin Voici ce qu'elle écrivait à une de ses Sœurs, dans une circonstance où elle se trouvait obligée de remplir la charge de Supérieure : » Je voudrais vous écrire de temps en temps, mais je n'en ai guère le loisir ; je pense cependant à vous et aux paisibles moments que nous passions ensemble. Quel changement d'existence ! je crois rêver, de me voir transportée ici, moi qui ai toujours craint de paraître. Ma seule consolation est de penser que le Seigneur le veut ainsi, et que malgré mon incapacité je puis procurer quelque soulagement à nos deux dignes Mères. Hélas ! me dis-je souvent, serait-il possible que je pusse jamais envier une pareille charge ? J'en suis grandement rassasiée, quoique je n'aie à me plaindre que de trop de soins et d'attentions ; mais cette responsabilité de toute une maison pèse énormément sur mes épaules trop faibles et trop vieilles pour supporter un tel fardeau ; c'est à vous seule que je le confie. Oh ! combien j'aspire après le moment de mon retour à Saint-Thomas, pour y goûter le repos de ma chère retraite. Notre Mère Générale me fait espérer de m'y rappeler bientôt.... Mais la volonté de notre bon Maître par-dessus tout. »

Notre société était alors gouvernée par la révérende Mère Sebire, de précieuse mémoire ; son grand âge et une maladie grave dont elle fut frappée quelques mois avant sa mort l'avaient notablement affaiblie, et nous faisaient appréhender de la perdre : la Mère de la Massüe lui prodigua ses soins avec une assiduité infatigable; elle était sa confidente et son infirmière, et lorsqu'une attaque soudaine nous annonça que tout espoir était perdu, elle s'attacha à son chevet et ne la quitta qu'après avoir recueilli son dernier soupir.

Cet événement devait tirer la Mère de la Massüe de l'obscurité où se complaisait son humilité. Elle s'était toujours crue à l'abri des charges de notre Congrégation par l'opinion qu'elle avait de son incapacité, et d'ailleurs sa santé considérablement affaiblie lui ôtait alors toute appréhension à cet égard. Quel ne fut donc pas son étonnement et son affliction lorsque, le 8 octobre 1835, deux mois après la mort de la révérende Mère Sebire, elle s'entendit proclamer Assistante du canton de Paris. Cette nouvelle fut pour elle un coup de foudre qui fit mieux connaître combien était sincère la répulsion qu'elle avait toujours manifestée pour les emplois supérieurs. D'ailleurs l'état de souffrance où se trouvait déjà, au moment de son élection à la charge de générale, notre révérende Mère de la Villes-Brunes, lui faisait pressentir que le temps n'était peut-être pas éloigné où le fardeau de son administration retomberait tout entier sur elle. Ses appréhensions n'étaient que trop fondées; car, treize mois après, la révérende Mère de la Villes-

Brunes fut enlevée douloureusement à notre Congrégation, et la digne Mère de la Massüe se trouva encore là à son chevet pour lui fermer les yeux.

Ces coups redoublés de la main du Seigneur semblaient devoir l'accabler la première, et achever de ruiner une santé si chancelante; mais sa grande confiance en la Providence la soutint merveilleusement, et lui inspira un calme et une fermeté qui relevèrent les courages abattus. On a lieu de croire que dès lors elle avait fait le sacrifice de son repos personnel, et qu'elle était préparée à l'accomplissement de tous les desseins du Seigneur à son égard; car la veille du jour où elle devait réunir les suffrages de notre Congrégation pour l'emploi qu'elle redoutait le plus, elle répondit sans émotion à une personne qui lui disait : *Demain, à cette heure-ci, vous serez Supérieure générale. — Je m'y attends comme à la dernière humiliation que le ciel me réserve.* Le lendemain en effet, 20 décembre 1836, elle se soumit en silence aux ordres de Dieu. Mais l'avenir prouva qu'elle n'avait accepté le fardeau de la supériorité que pour ne pas troubler l'économie de la Providence.

Dès que la saison le permit, elle voulut, malgré toutes les raisons qu'elle pouvait alléguer pour s'en dispenser, entreprendre la visite de nos établissements. Mais les fatigues du voyage et l'état habituel de souffrance où elle se trouva ne lui permirent pas d'embrasser, dans toute leur étendue, les intérêts et les besoins de chacune de nos Maisons.

Sur la route elle saisit, dit-on, à l'exemple des Saints, une occasion heureuse de mortifier la nature en évitant de s'arrêter chez une sœur chérie et dont elle était également aimée ; sacrifice qui dut coûter beaucoup à son âme naturellement sensible. Mais les divers événements de sa vie et les épreuves qu'elle avait traversées, l'avaient exercée de longue main au dépouillement d'elle-même, et malgré l'affection qu'elle portait à sa famille nous avons été témoins, lors de la perte de ses proches, de l'empire qu'elle avait sur ses inclinations naturelles.

Après avoir parcouru les diverses Maisons de notre société, la révérende Mère de la Massüe, de retour à Saint-Thomas, reprit les exercices de la Communauté malgré l'épuisement de ses forces, et elle les suivit dès lors avec une assiduité qui était un sujet d'étonnement et d'édification. Au milieu de ses infirmités et malgré les soucis inhérents à sa charge, elle n'avait rien perdu de cette gaîté qui fut toujours le fond de son caractère: elle appréciait dans les autres cette heureuse disposition, et elle pensait, avec les maîtres de la vie spirituelle, que le plus efficace moyen de progrès dans la perfection chrétienne et religieuse était de servir le Seigneur avec joie et dilatation de cœur. Aussi lorsqu'on lui rapportait que les Novices montraient trop d'ardeur pour les récréations et se livraient quelquefois aux accès d'une joie un peu vive, elle répondait après saint François de Sales : « Laissez-les se réjouir ; la joie, accompagnée de la charité et de la modestie, est le témoignage d'une bonne conscience et l'ennemie des tentations (1). »

Parmi plusieurs vertus qui ont honoré plus particulièrement sa vie, et que je pourrais citer avec éloge, je mentionnerai surtout sa tendre dévotion à la sainte Vierge et spécialement à *Notre-Dame de bonne Délivrance*. Elle appréciait tout le trésor dont la Providence avait enrichi notre Congrégation en la dotant de cette image miraculeuse aux pieds de laquelle saint François de Sales reçut tant de faveurs surnaturelles. C'est afin de donner plus d'éclat et de solennité à la fête que l'on célébrait alors à son honneur le 16 décembre, qu'elle fit solliciter à Rome la permission de la transférer au 18 juillet, époque, disait-elle, qui offre plus de moyens de favoriser la dévotion des fidèles. Dans le but de propager ce culte touchant, elle établit dans notre chapelle de Saint-Thomas les exercices du mois de Marie qu'on ne pratiquait jusqu'alors qu'en particulier ; et sans doute sa consolation eût été grande si, avant de mourir, elle eût pu être témoin de la célébrité nouvelle

(1) *Esprit de S. F. de S.* part. 18, chap. 2.

exactitude à recourir à l'autorité des supérieu-
res pour les plus légères dispenses furent pour
nous un enseignement bien capable de nous
humilier.

Mais je n'étais pas destinée à être témoin des
vertus dont elle donna l'exemple dans ses der-
niers moments. Obligée d'entreprendre la visite
de nos établissements, pour remplir le devoir
de ma nouvelle charge, je prévoyais avec in-
quiétude que j'allais la quitter pour ne plus la
revoir en ce monde; elle-même le pressentait.
Néanmoins elle se résigna avec soumission à
une séparation qui entrait dans les desseins de
la Providence, et elle l'accepta comme un pré-
lude de la séparation suprême, qu'elle allait
bientôt réaliser à l'égard de toutes les créatures.

Cependant elle ne devait parvenir à ce terme
final, que par le chemin difficile de la souffrance. Pendant les deux mois qu'elle vécut encore, de cruelles douleurs vinrent assaillir son
courage; elle put dire comme saint Paul: *Je
suis attaché à la croix avec Jésus-Christ* (1); et sa
vertu, que Dieu voulait purifier en ce monde,
eut à passer par le creuset de l'angoisse et de la
tentation.

Dès la première apparence de danger, elle
avait elle-même sollicité le Sacrement répara-
teur qui donne au malade la force de soutenir

____

(1) *Galat.* II., 19.

les épreuves du dernier combat. Elle obtint depuis, l'ineffable consolation de recevoir, deux fois par semaine, le pain céleste qui contient le gage de l'immortalité. C'est dans ces sources de vie, qu'elle puisa la résignation, la patience, le détachement de toutes les choses créées, un besoin continuel d'aspirations saintes vers Dieu et la très-sainte Vierge, et le désir même de la mort, que naguère elle avait tant redoutée, et que maintenant elle contemplait avec envie, comme une délivrance bienheureuse, comme un passage favorable d'une région de misère à un monde plus fortuné.

Dieu accorde quelquefois aux justes mourants le pressentiment de leur fin. Cette faveur était réservée à notre digne Mère. On devait lui administrer la sainte Eucharistie, le jeudi 29 juin, fête de saint Pierre et de saint Paul; la veille, de grand matin, elle pria instamment qu'on avançât ce moment heureux et qu'on lui accordât actuellement la communion, disant positivement que le lendemain il serait trop tard, et qu'elle aurait quitté ce monde. Son état cependant ne s'était point aggravé, et rien n'annonçait que son terme fût aussi prochain. Néanmoins on crut devoir acquiescer à son désir, et la consolation qu'elle sollicitait lui fut accordée.

A dater de ce moment, elle ne s'occupa plus que de Dieu et des choses éternelles. Dans la soirée, comme elle se sentait affaiblir, elle demanda qu'on priât près d'elle, et fit réciter plusieurs fois les prières de l'Église pour les agonisants. Elle s'y unit avec une grande présence d'esprit, les yeux fixés sur son crucifix qu'elle ne cessait de porter à ses lèvres. Déjà sa vue s'était obscurcie, qu'elle donnait encore à ce signe de notre salut, des gages touchants de son espérance et de son amour. Enfin, l'image sacrée échappa à ses mains défaillantes, et, à ce mouvement, on s'aperçut avec surprise, que son âme s'était en même temps échappée de son corps mortel, sans effort et sans agonie, pour aller se reposer dans le sein de son Créateur. C'était à 11 heures du soir, le 28 juin 1843, à l'âge de 73 ans, après 28 ans de profession religieuse.

Telles furent, mes très-honorées Mères et très-chères Sœurs, les principales circonstances de la vie et de la mort de notre respectable Mère Gabrielle de la Massüe. Dieu, qui est riche en miséricordes, lui a sans doute pardonné les fragilités inhérentes à notre nature, et dès à présent, nous en avons l'espoir, il l'a mise en possession des récompenses préparées dès le commencement du monde, aux âmes qui ont tout quitté pour embrasser les œuvres de la miséricorde. Cependant, comme les secrets de sa justice sont impénétrables à nos faibles conceptions, je vous demande pour elle, à l'époque de l'anniversaire de sa mort, la continuité de vos prières.

Veuillez bien m'accorder aussi un souvenir devant le Seigneur, et me croire avec le plus tendre attachement,

MES TRÈS-HONORÉES ET TRÈS-CHÈRES SOEURS,

Votre très-humble servante,

SOEUR CHAUMONT,

SUPÉRIEURE GÉNÉRALE,

A notre Maison de Saint-Thomas-de-Villeneuve, Ce 15 juin 1844, Fête du Sacré-Cœur de Jésus.